Activités d'aut

MW01686594

L'automne est une saison où des changements spectaculaires se produisent en plusieurs endroits. Les enfants assistent au changement de couleur des feuilles qui souligne le passage de l'été à l'automne. Les températures se refroidissent, et les humains, comme les animaux, modifient leurs activités. Les animaux se préparent pour l'hiver; certains hibernent ou migrent tandis que d'autres entreposent de la nourriture ou se font un manteau plus chaud. Chez les humains, des fêtes soulignent cette période de l'année; certaines commémorent les remerciements adressés à Dieu par les colons, après la dernière récolte. C'est également un temps de préparatifs en vue des températures froides et des congés d'hiver.

Activités

- Faire la cueillette des feuilles et comparer les variétés de couleurs et de formes.
- Pour décorer et égayer les murs de la classe, faire des affiches soulignant les fêtes automnales et les changements de saison.
- De nombreux animaux hibernent ou migrent en prévision de l'hiver. Lire des livres illustrés où on parle de ces animaux.
- Faire un tableau pour les animaux qui hibernent, et un autre pour ceux qui migrent.
- Faire un centre de table sur le thème de l'automne. Dans une assiette de carton, créer un arrangement avec des petites citrouilles, des courges et des feuilles.
- Avec des sacs de papier, faire des masques qui représentent des personnages d'Halloween, des animaux de la ferme ou des animaux qui hibernent. Organiser un petit défilé pour les enfants masqués.

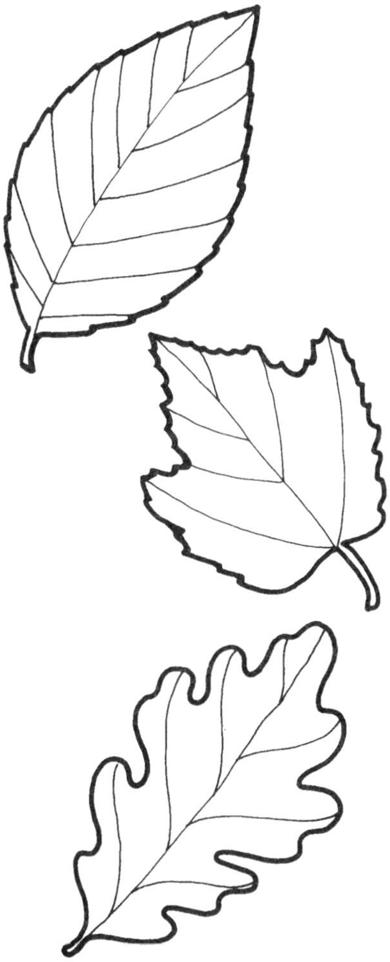

Activités connexes

Mise en situation : Une petite fille et sa mère se promènent par une belle journée d'automne. En cours de route, elles font plusieurs découvertes. Elles aperçoivent un chaton noir et plusieurs feuilles de couleur qui virevoltent dans la brise et craquent sous leurs pieds. Elles arrivent près d'un étang qui reflète les multiples couleurs de l'automne. Elles marchent au pied d'une colline où broute le bétail. Elles rencontrent un gros chien amical et longent un ruisseau babillard.

Tout en se promenant, la petite fille veut que sa mère lui dise *Je t'aime*. Pour badiner, la mère fait comme si elle ne comprenait pas et dit autre chose. Quand elles arrivent à la maison, la mère dit enfin : « Je t'aime » à la petite fille. Elle lui explique que, tout le long du chemin, elle l'a dit de différentes façons.

Prolongement :

- Chercher les différents signes de l'automne dans l'environnement et en dresser la liste.
- Lire aux enfants la mise en situation. Leur demander de nommer les signes de l'automne qui y sont énumérés et d'en inventer d'autres que la mère et la fillette auraient pu voir au cours de leur promenade.
- Discuter de la relation entre la petite fille et sa mère. Que ressentent-elles? Demander aux enfants de parler de la relation qu'ils ont avec une autre personne et de dire ce qu'ils ressentent à son égard. Énumérer les façons de démontrer de l'amitié, de l'amour et de l'affection.
- Consulter des magazines et trouver des photos qui illustrent l'amitié. Découper et coller ces photos sur du papier de bricolage. Intituler le collage AMITIÉ ou AFFECTION, par exemple. Laminer les collages et s'en servir comme napperons pour le souper de l'Action de grâces ou pour offrir en cadeau.
- Créer des signets d'automne. Couper des bandes de papier de bricolage (7,5 cm sur 20 cm). Dessiner des scènes d'automne sur les signets et leur donner un titre. Par exemple, si un enfant dessine des feuilles de différentes couleurs, il peut donner le titre « Couleurs de l'automne » à son signet.
- Demander aux enfants de nommer des sentiments éprouvés par la majorité des gens et de dire pourquoi ils pensent que les gens éprouvent ces sentiments.

Activités connexes (suite)

Marche à suivre :

- Reproduire cette page sur du papier fort ou du carton.
- Relire la mise en situation. Colorier les illustrations représentant les choses que la petite fille et sa mère voient en chemin. Dessiner deux autres scènes d'automne dans les cases vides.
- Découper les illustrations et les agrafer ensemble pour en faire un petit livre. Créer une couverture pour le livre. Utiliser du papier de bricolage de 7,5 cm sur 10 cm.

un chat noir

1. ____________________

un petit étang

2. ____________________

des feuilles au vent

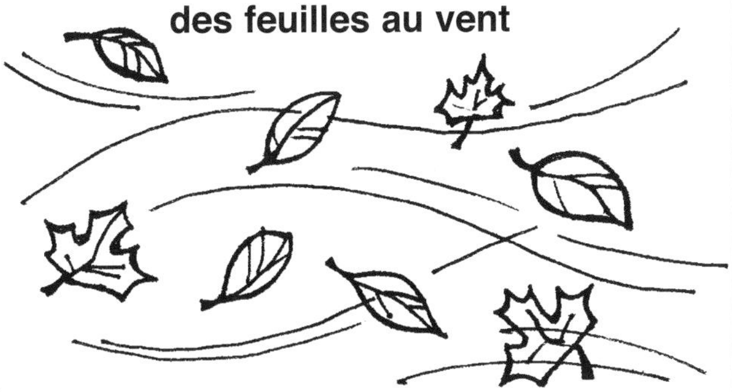

3. ____________________

un petit ruisseau

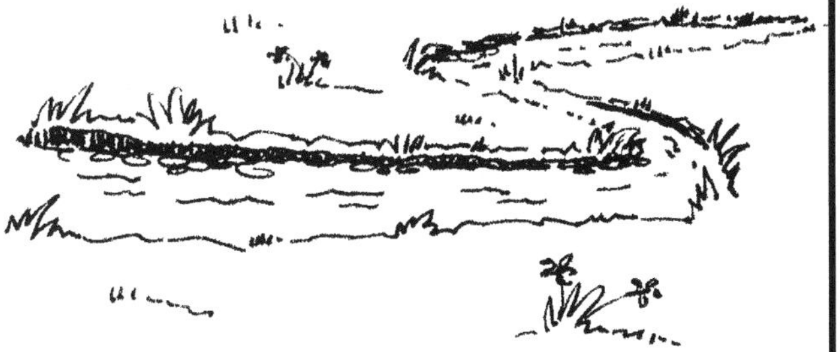

4. ____________________

5. ____________________

6. ____________________

Fêtons l'automne!

En octobre, la fête de l'Action de grâces commémore la récolte des fruits de la terre. C'est une occasion de se rassembler en famille.

Activités pour les jours de fête :

Action de grâces

Au Canada, on célèbre l'Action de grâces le deuxième lundi d'octobre.

• Faire un livre de recettes de dinde. Trouver 10 façons intéressantes de servir la dinde. Les écrire sur des fiches. Écrire une page titre sur une autre fiche. Assembler les fiches à l'aide d'une attache parisienne placée dans le coin supérieur gauche. Les offrir à des parents ou des amis.

Halloween

L'Halloween est célébrée le 31 octobre. Au Canada, les enfants se masquent et se déguisent, et passent de porte en porte pour demander des friandises.

• Créer des costumes d'Halloween. Utiliser de vieux vêtements et chapeaux.

• La citrouille occupe une place spéciale ce jour-là. Sculpter des visages dans des citrouilles et les déposer à la porte en signe de bienvenue.

Un mini-livre

Les illustrations ci-dessous et à la page suivante serviront à créer un mini-livre sur l'automne. Les pages un à six peuvent être faites en même temps. Les pages sept et huit doivent être faites sur une période d'une semaine. Pour chacune des pages, répondre aux questions et colorier l'illustration ou en dessiner une. Une fois les pages remplies, les découper. Faire un trou dans le coin supérieur gauche de chaque page et assembler les pages dans l'ordre. Les joindre à l'aide d'un ruban de 25 à 30 cm ou en les agrafant.

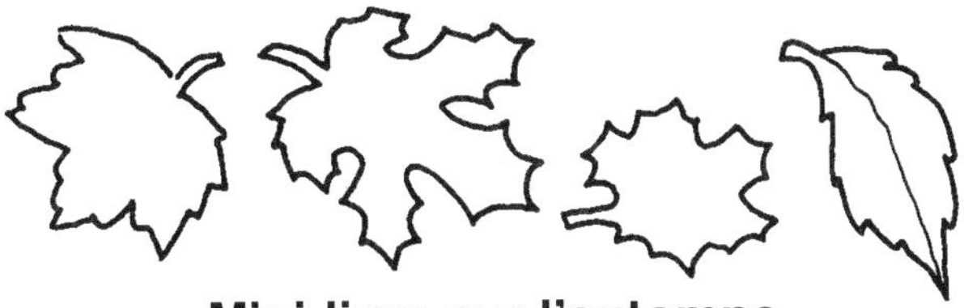

Mini-livre sur l'automne

Nom ______________________ 1.

Ramasse une feuille tombée.
Trace-la et colorie-la.

2.

Colorie les légumes d'automne.

patate douce

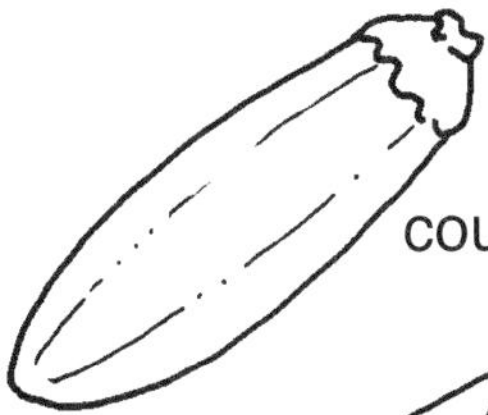

courge

citrouille

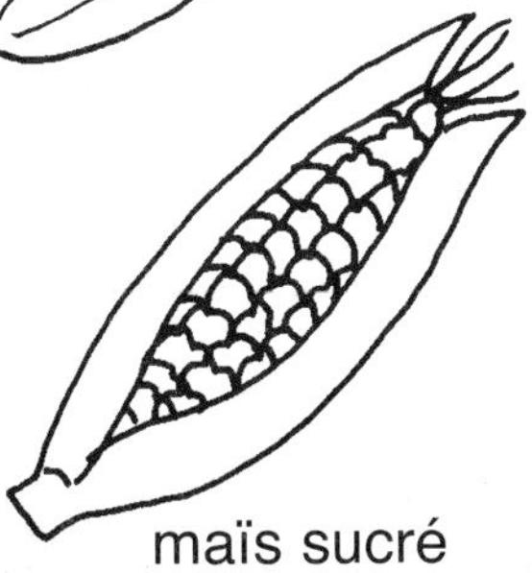

maïs sucré

3.

En automne, les écureuils
ramassent des noix.
Que font-ils avec les noix?

4.

Un mini-livre *(suite)*

En hiver, certains animaux hibernent.
L'ours est un de ceux-là.

5.

Dessine et colorie ta scène
d'automne préférée.

6.

Il fait de plus en plus froid.
Inscris la température
des sept prochains jours.

Jour	Date	Température
Dimanche		
Lundi		
Mardi		
Mercredi		
Jeudi		
Vendredi		
Samedi		

7.

En automne, les jours raccourcissent.
Durant la prochaine semaine, inscris la date,
puis l'heure où il commence à faire noir.

Date	Heure

8.

Les feuilles d'automne

Activité :

En automne, certaines feuilles changent de couleur. Durant cette saison, il peut t'arriver de voir, dans les arbres ou sur le sol, des feuilles rouges, orange, jaunes ou dorées.

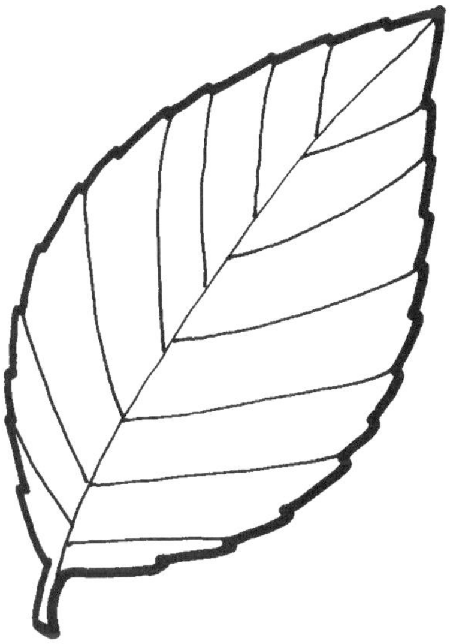 **orme**	 **érable**	 **chêne**
 **tremble**	Dessin d'une feuille verte que j'ai vue.	Dessin d'une feuille de couleur que j'ai vue.

Marche à suivre :

Promène-toi dans un endroit boisé. Essaie de trouver les feuilles qui sont illustrées plus haute. Si tu le peux, colorie les feuilles sur place, telles que tu les vois.

Galerie de feuilles

Le frottis

Matériel : Papier, feuilles, crayons

Marche à suivre :

1. Trouve de jolies feuilles.
2. Places-en une sous une feuille de papier résistant ou de papier recyclé.
3. Tiens la feuille de papier d'une main et, de l'autre main, colorie par-dessus la feuille que tu as trouvée.
4. Lève la feuille de papier. La silhouette de ta feuille apparaît sur le papier et, si tu observes attentivement, tu en verras les nervures.

Le pressage

Attention : Le fer à repasser ne doit être utilisé qu'en présence d'un adulte.

Matériel : Grandes feuilles mortes, papier ciré, fer chaud, serviette de papier ou sac de papier brun, papier de bricolage rouge, bleu ou noir.

Marche à suivre :

1. Trouve de grandes feuilles mortes.
2. Places-en une entre deux morceaux de papier ciré.
3. Place la serviette de papier ou le sac de papier brun par-dessus le papier ciré et passe le fer sur le tout.
4. La cire fondra sur la feuille et servira à la protéger.
5. Fais un cadre avec du papier de bricolage. Colle la feuille dans le cadre.
6. Durant l'automne, décore les murs avec tes créations.

Arbre décoratif

Matériel : Grande feuille de papier de bricolage brun, feuilles tombées des arbres, crayons, crayons de couleur, colle

Marche à suivre :

1. Dessine un arbre sans feuilles sur le papier de bricolage.
2. Colle les feuilles aux branches de ton arbre.

Citrouilles en fête

Matériel : Trois à cinq petites citrouilles, vieux journaux, peinture et pinceaux, décorations telles que petits chapeaux.

Marche à suivre :

1. Place ta citrouille sur une feuille de journal.
2. Peins des yeux, un nez, une bouche, etc., sur la citrouille. Laisse sécher chaque couleur avant d'en utiliser une nouvelle.
3. Ajoute les décorations de ton choix.
4. Ta citrouille pourra servir de centre de table ou être placée sur une étagère ou sur le bord d'une fenêtre.

En utilisant des citrouilles de tailles différentes, tu peux créer une famille de citrouilles!

Une dinde pour l'Action de grâces

Matériel : Cette page reproduite sur du carton ou du papier de bricolage, des crayons, des crayons de couleur ou des marqueurs, de la colle et des ciseaux

Marche à suivre :
Colorie, découpe et assemble les pièces pour former la dinde de l'Action de grâces. Colle la tête, les plumes et les pattes sur le corps, comme sur l'illustration.

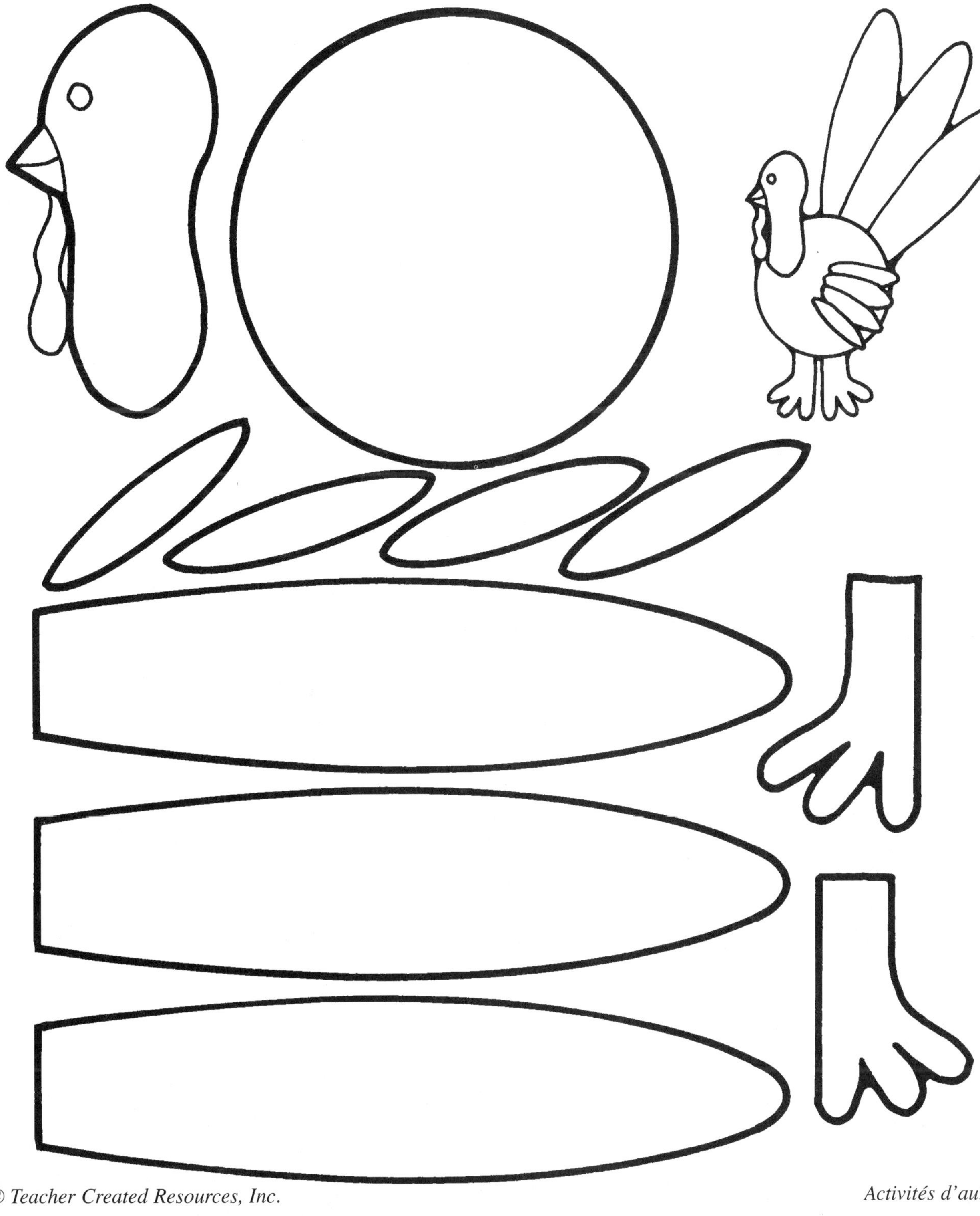

Légumes d'automne

Matériel : Cette page reproduite sur du carton ou du papier de bricolage blanc, des bâtonnets, des crayons, des crayons de couleur ou des marqueurs, de la colle et des ciseaux

Marche à suivre :

1. Colorie et découpe les légumes.
2. Colle-les sur les bâtonnets.
3. Organise un spectacle de marionnettes avec tes personnages.

Arachides en folie

Personnages

Matériel : Arachides en coques, cure-pipes (5 cm sur 12,5 cm), marqueurs de couleur, stylo

Marche à suivre :

1. À l'aide du stylo, fais des trous dans une arachide pour y insérer les jambes et les bras.
2. Insère des cure-pipes dans les trous pour faire les jambes et les bras.
3. Dessine des visages et des vêtements sur l'arachide avec les marqueurs.
4. Regroupe les personnages en groupes sociaux, comme les membres d'une famille ou les élèves d'une classe. Mets-les en situation, par exemple à un pique-nique.

Décor

Matériel : boîte à chaussures, ciseaux, crayons, d'autres petites boîtes

Marche à suivre :

1. Découpe un des côtés longs de la boîte à chaussures.
2. Dessine un décor, un salon par exemple.
3. Avec les petites boîtes, fabrique des meubles (tables, fauteuils, etc.)
4. Place tes personnages dans la boîte.

Recettes d'automne

Attention : La préparation et la cuisson des aliments doivent être surveillées par un adulte.

Graines de citrouille rôties

Ingrédients : 2 à 2½ t. de graines de citrouille lavées, 15 à 30 ml d'huile, du sel, des serviettes de papier.

Marche à suivre :

1. Faire sécher les graines de citrouille sur des serviettes de papier pendant une journée.
2. Mettre les graines dans un bol, ajouter l'huile et bien mêler.
3. Placer les graines sur une plaque à biscuits ou une assiette à tarte et faire cuire au four à 180 oC durant 45 minutes.
4. Saupoudrer les graines de sel.

Cidre chaud à la cannelle

Ingrédients : Du cidre ou du jus de pomme, de la cannelle moulue

Marche à suivre :

1. Faire chauffer le cidre ou le jus sur la cuisinière.
2. À l'aide d'une louche, verser dans des tasses.
3. Saupoudrer de cannelle.

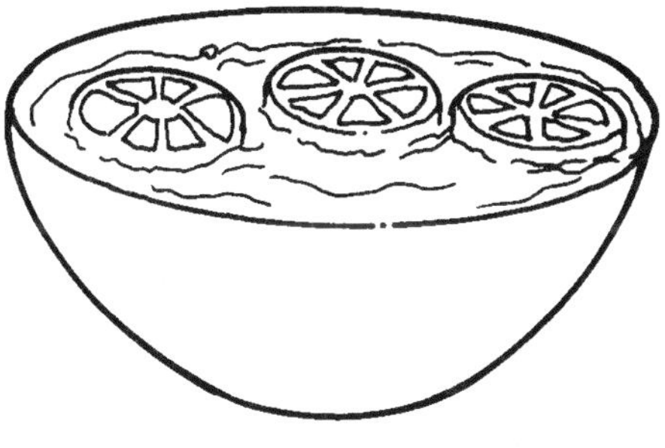

Punch automnal

Ingrédients : Un litre de jus de pomme, un litre de jus d'orange, un litre de boisson gazeuse au gingembre, deux oranges, de la glace

Marche à suivre :

1. Mélanger les jus et la boisson au gingembre dans un grand bol.
2. Couper les oranges en tranches et les ajouter au punch.
3. Servir avec de la glace.

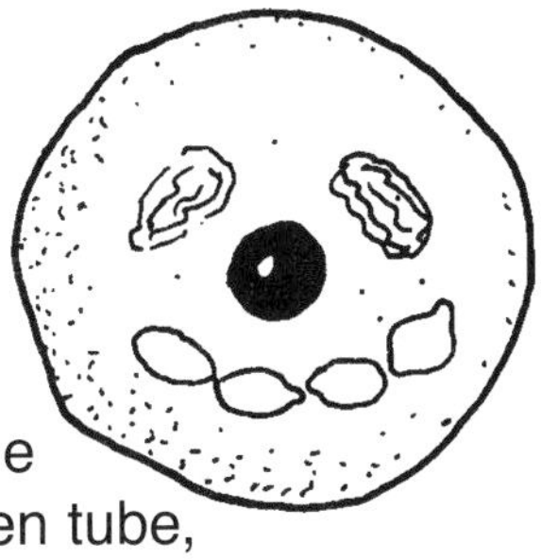

Biscuits d'Halloween

Ingrédients : De gros biscuits ronds, du glaçage à gâteau orange et noir en tube, des raisins, des noix et des brisures de chocolat

Marche à suivre :

1. Utiliser le glaçage pour dessiner des figures de citrouille sur les biscuits.
2. Faire les yeux, le nez et la bouche avec des raisins, des noix ou des brisures de chocolat.

Cartes d'automne

Marche à suivre :

Reproduire cette page. Créer deux cartes dans les cases vides pour d'autres occasions. Colorier les cartes et les découper. Les échanger avec des camarades afin de souligner un événement spécial.

Mon équipe de football préférée : ______________

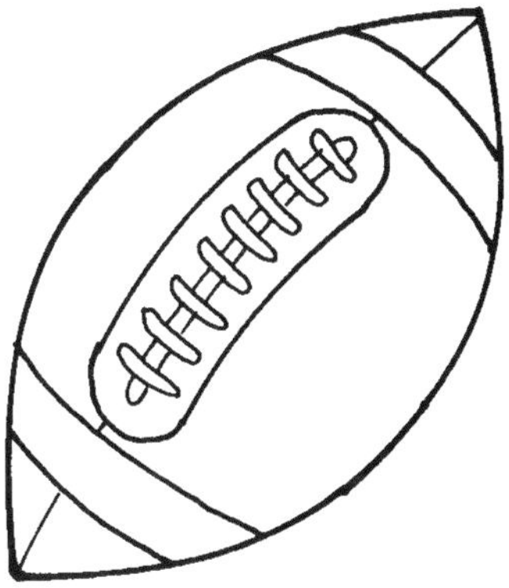

Viens assister à la partie avec moi.

Date : ______________

Signé : ______________

Un signet

Mon livre préféré :

____

Par : ______________

Bon pour

À : ______________

De : ______________

Joyeuse Halloween!

À : ______________

De : ______________

Joyeuse Action de grâces!

À : ______________

De : ______________

Bon pour

À : ______________

De : ______________

Une profusion de couleurs

Accueille la saison avec une profusion de couleurs. Tu peux en décorer un mur.

Marche à suivre :

Reproduis plusieurs fois cette page sur du papier résistant ou du papier de bricolage blanc. Avec le motif de feuilles, fais une bordure pour le tableau d'affichage. Copie, colorie et découpe les feuilles pour créer ton propre baril de feuilles d'automne. Tu peux aussi coller les feuilles sur du papier pour en faire un emballage de cadeaux unique.

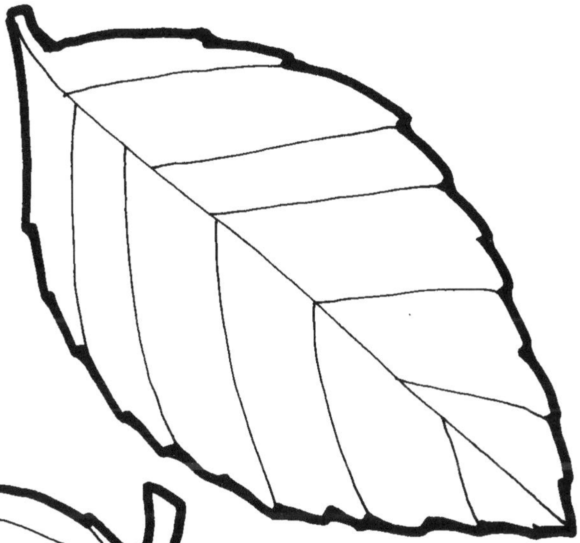

La récolte et les foires

En automne, c'est le temps des récoltes et des foires. À une foire, on peut trouver des produits et des animaux de la ferme en quantité. Joins-toi aux célébrations en faisant un collage à l'aide des illustrations ci-dessous.

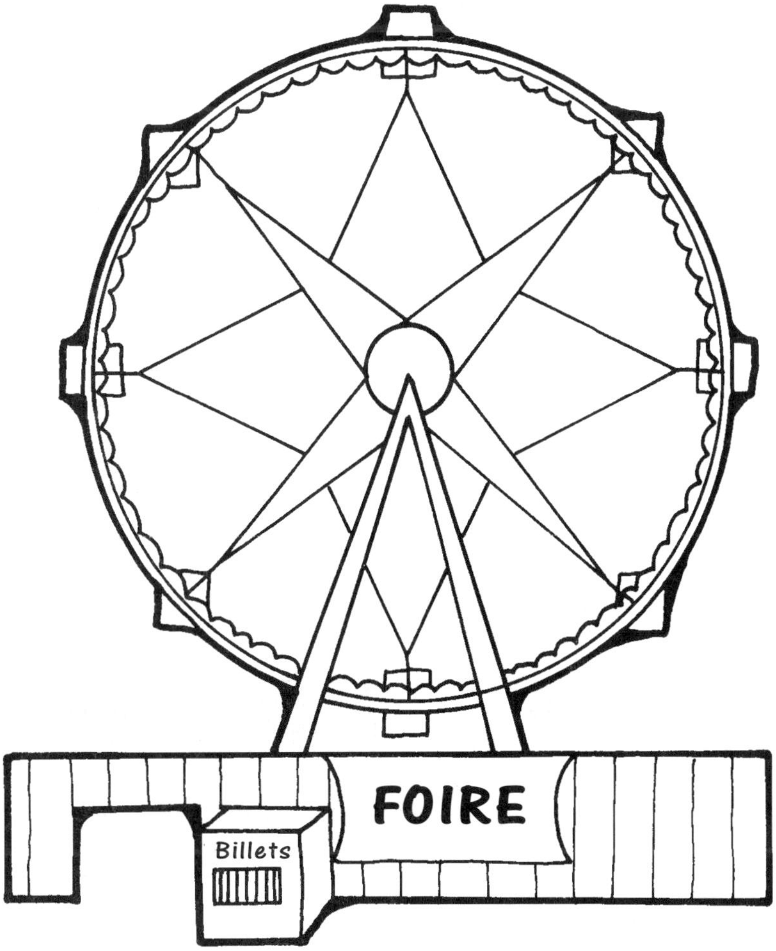